Diario del poeta

PALABRAS

Alma Flor Ada • F. Isabel Campoy

Ilustrado por Blanca Dorantes

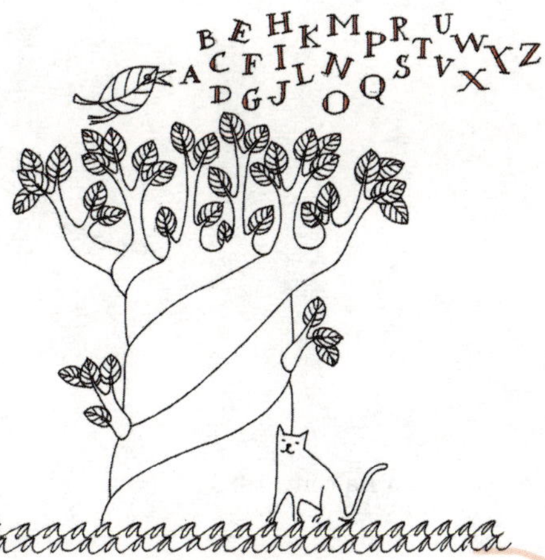

ALFAGUARA
INFANTIL Y JUVENIL

Art Director: Felipe Dávalos
Design: Gloria Calderas
Editor: Norman Duarte

Santillana USA Publishing Company, Inc.
2105 NW 86th Avenue
Miami, FL 33122

Poetry B: *Palabras*

ISBN: 1-58105-404-1

Printed in Mexico

ACKNOWLEDGEMENTS

Page 9 / Copyright © Fernando Botero, Girl on a Balcony, 1983, courtesy Marlborough Gallery, NY.

Page 10 / Dora Alonso, "¿Quién lo dijo?" from *Los payasos*. Copyright ©1985 Dora Alonso. Permission to use this work is pending.

Índice

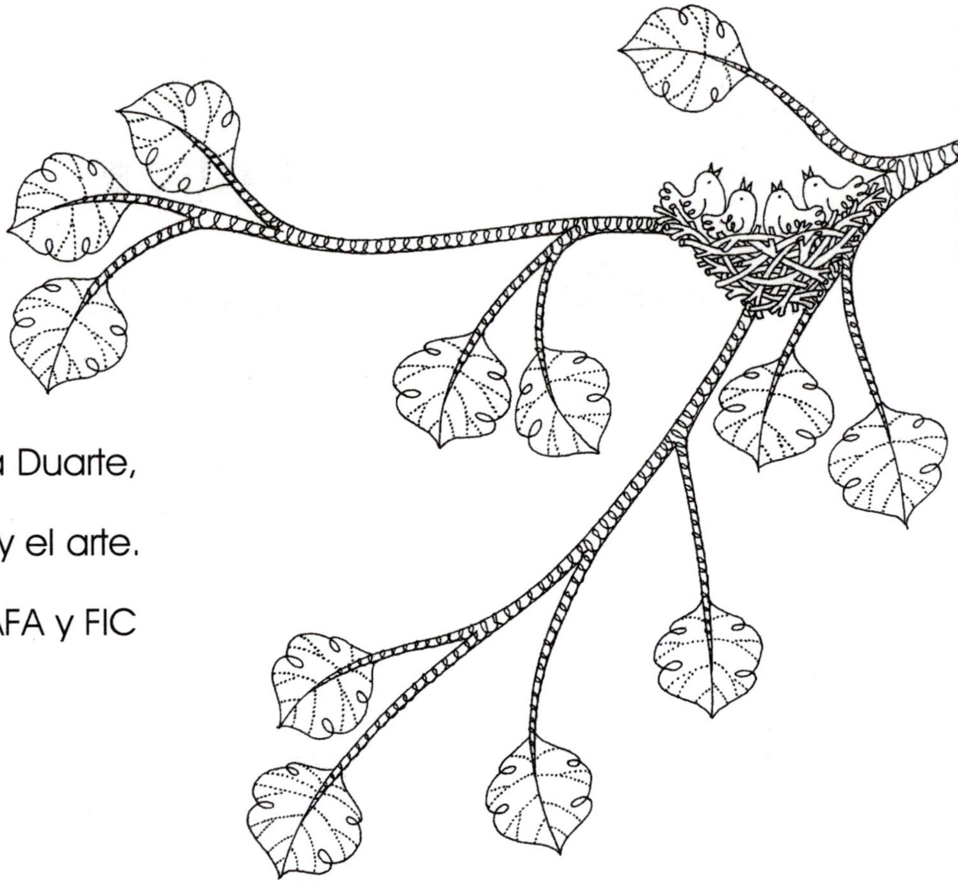

Para Gabriel y Natalia Duarte,

que aman la poesía y el arte.

AFA y FIC

Para Leonardo y Gabriel,

cazadores de libros.

BD

La poesía

Alma Flor Ada

Canta
en la rama
un pájaro feliz.

Canta
en la página
un poema saltarín.

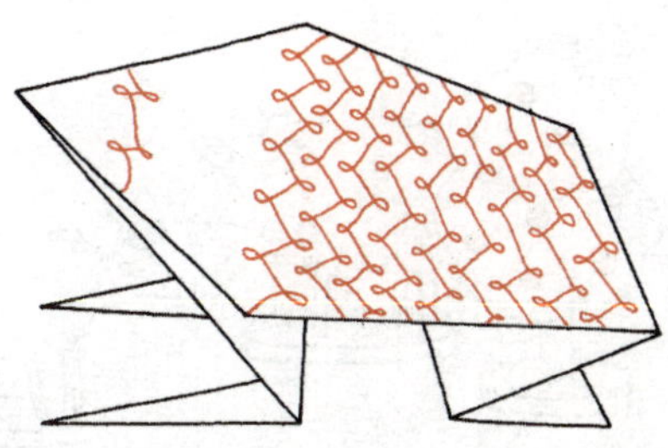

Juego con una rima

Leo:
–Tengo, tengo, tengo.
–Tú no tienes nada.
–Tengo tres ovejas
en una manada.

Y juego a cambiarlo:
–Tengo, tengo, tengo.
–Tú no tienes nada.
–Tengo tres tomates
en una ensalada.

Y me divierto:
–Tengo, tengo, tengo.
–Tú no tienes nada.
–Tengo dos orejas
a los lados de la cara.

Sigo jugando.

Dos	Una
ojitos	nariz
cejas	boquita
mejillas	barbilla

–Tengo, tengo, tengo.
–Tú no tienes nada.

–Tengo dos ______________
en medio de la cara.

–Tengo, tengo, tengo.
–Tú no tienes nada.

–Tengo dos ______________
en medio de la cara.

–Tengo, tengo, tengo.
–Tú no tienes nada.

–Tengo una ______________
en medio de la cara.

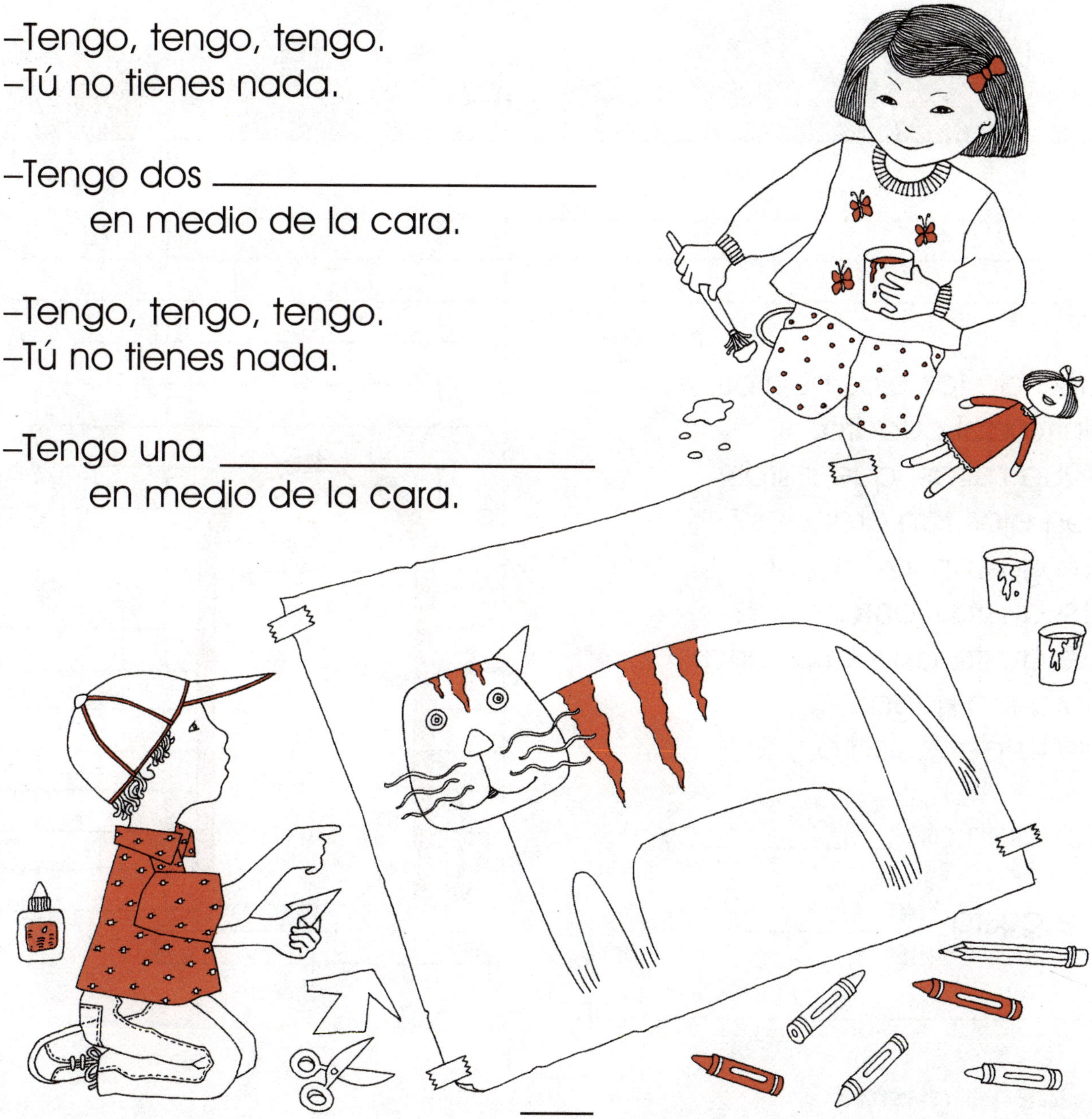

Tú y yo

Niña de los ojos negros,
niñita del cuadro.
¿Qué miras, qué miras
con ojos tan grandes?
¿Te gustan los cuentos?
¿Te gusta cantar?
¿Te gusta abrir la puerta
para ir a jugar?
Niñita del cuadro,

también niñ ________ soy.

Me gusta ____________ ar

____________ y ____________ ar.

¿Qué te gusta?

correr brincar reír volar saltar pintar cantar bailar nadar jugar pensar

Niña

Niña del balcón. Obra del pintor y escultor colombiano Fernando Botero.

¿Quién lo dijo?

Dora Alonso

«¡Quiquiriquí!
ladró el perro.
¡Jau, jau, jau, jau!
cantó el gallo.»
–¿Quién dijo eso?
–Un payaso.

Aquí y allá

–¡Quiquiriquí! –cantó el gallo aquí.
–¡Cocorocó! –carareó la gallina allá.

–__________________ –ladró el perro aquí.

–__________________ –maulló el gato allá.

–__________________ –berreó el ternero aquí.

–__________________ –baló la oveja allá.
–Zzzzzzzzzzz –zumbó el mosquito,
aquí y allá,
allá y aquí,
aquí, aquí, aquí.

maúlla	**ladra**	**berrea**	**bala**	**zumba**
miau	guau	bee	baaa	zzz
miau	guau	bee	baaa	zzz
miau	guau	bee	baaa	zzz

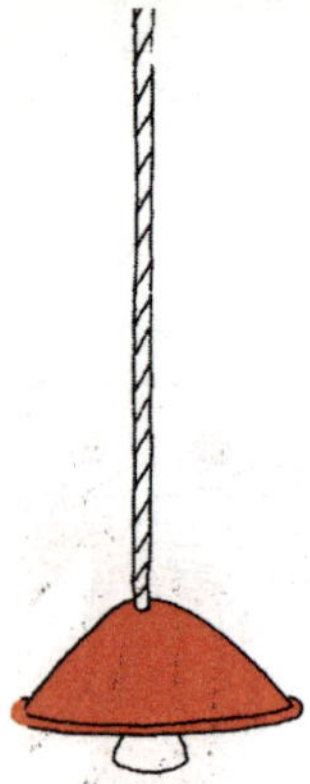

Un gatito en mi ventana

Alma Flor Ada

Viene un gatito
a mi ventana.
–Quiero dormir
contigo en la cama.

Yo le digo:
–¡No puede ser!
Mamá no quiere
gatitos en casa.

–Miau –me dice.
¿La podrás convencer?
–No creo. ¡Adiós!

Ahora tú.

Un ______________ en mi ventana

Viene un ______________
a mi ventana.
Dice bajito:
–Quiero ______________

____

Yo le digo:
–¡No puede ser!
Mamá no quiere

____

– ______________ –me dice.
¿La podrás convencer?

¡Vaya balón!

F. Isabel Campoy

Yo tengo un balón
que no tiene educación.
Vino volando y saltando
y me dio un gran empujón.

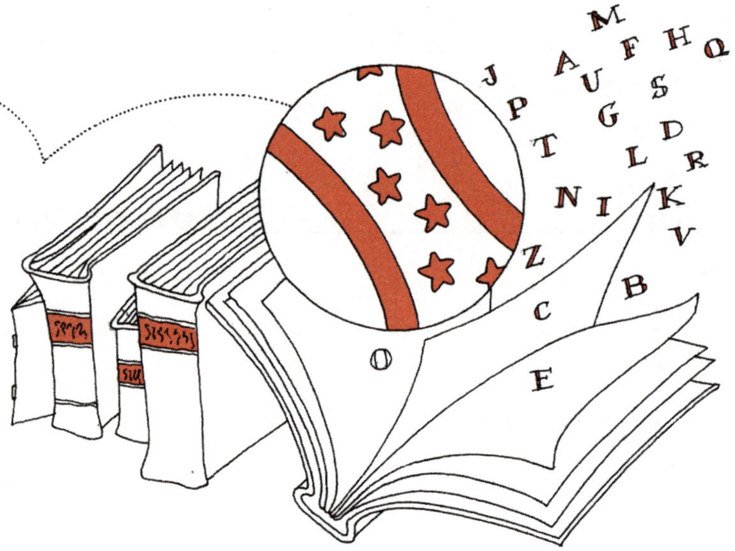

Jinete veloz

Alma Flor Ada

Soy jinete
de un juguete
tan veloz
como un cohete:
mi caballo de cartón.

Ahora tú.

Dibuja el poema que más te guste de la página anterior.

¿Por qué te gustan?

Elige los juguetes que más te gusten y di por qué te gustan.

rompecabezas	parchís	balón	patín
bicicleta	coches	saltador	libros
construcción	música	fichas	bolitas

_______________________ _______________________

_______________________ _______________________

_______________________ _______________________

_______________________ _______________________

Niños autores

La gallina ponía un huevo
en la granja de la abuela.
El perro ladraba
en la granja de la abuela.
El gallo cantaba
en la granja de la abuela.
El gato maullaba
en la granja de la abuela.
El caballo relinchaba
en la granja de la abuela.

La gallina,
el perro,
el gallo,
el gato,
el caballo
en la granja de la abuela.

J. Alberto (10 años)

Haz un dibujo al poema de J. Alberto.

Haz un poema de los animalitos en la granja de la abuela.

El gorrión volaba
en la granja de la abuela.
El gusanito dormía

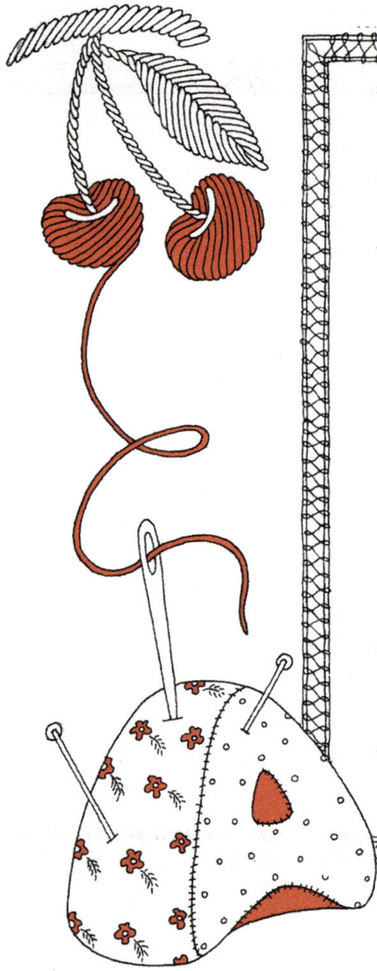

Poema de frutas y verduras

Alma Flor Ada

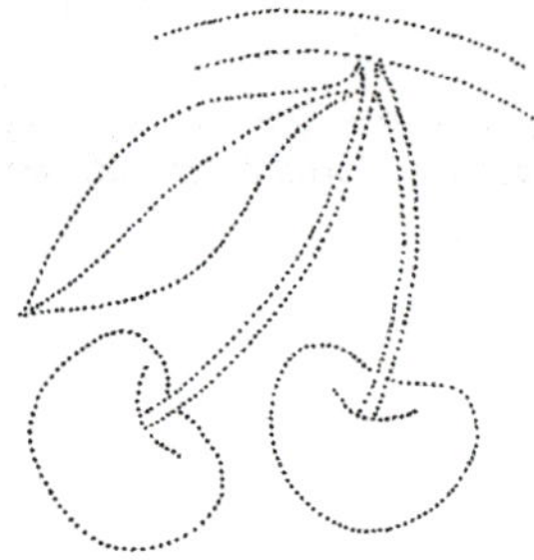

Plátanos,
cerezas,
pimientos.

Rojos,
verdes,
rosados
y amarillentos.

Mira el dibujo de la página 19 y haz un poema.

Mercado

De la mano de F. Isabel Campoy

F. Isabel Campoy nació junto al mar en Alicante, España. Le gusta cantar y hacer teatro, y a veces también pintar. Le encanta montar en bicicleta

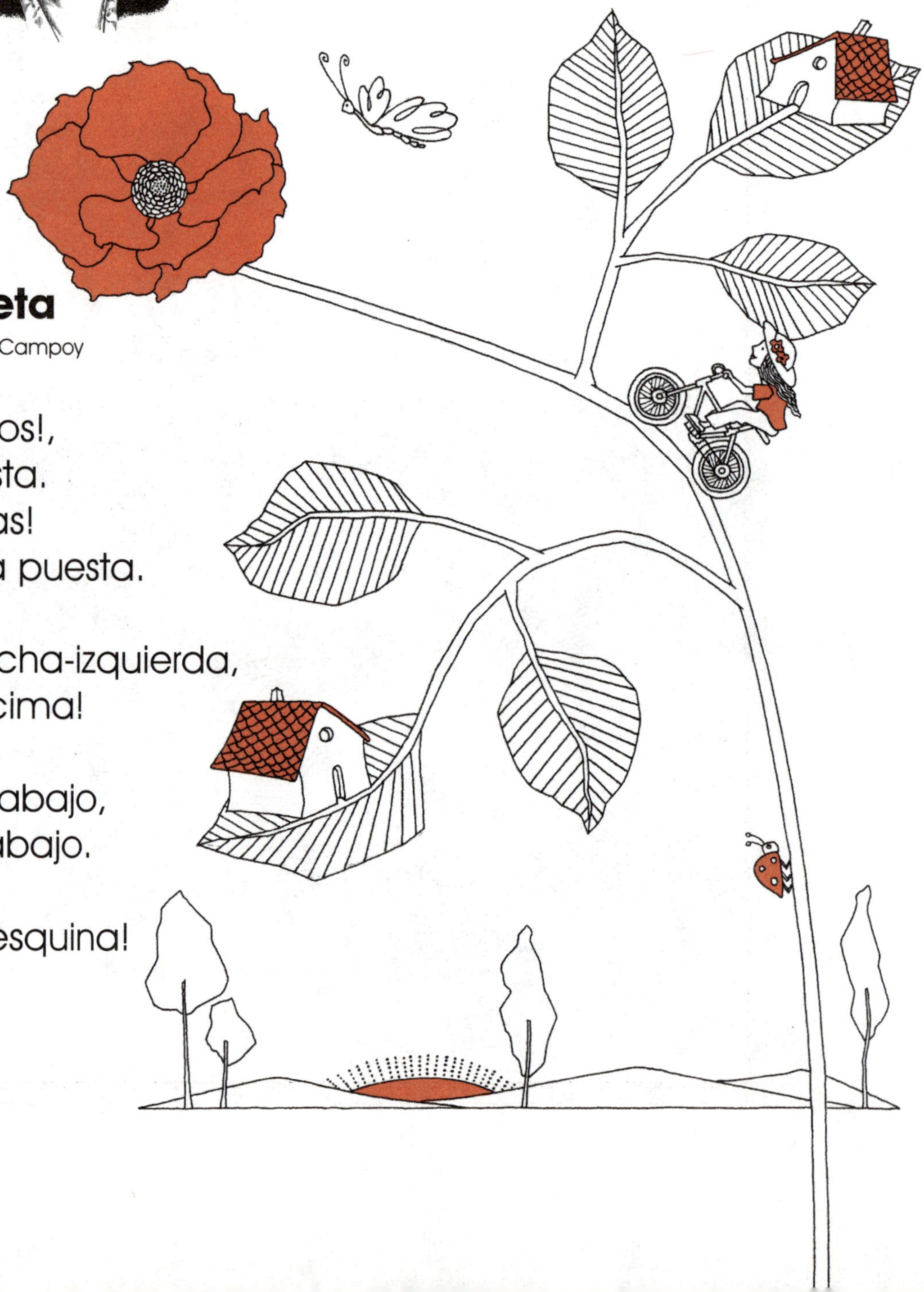

En mi bicicleta

F. Isabel Campoy

¡Un, dos, un, dos!,
subo una cuesta.
¡Zas-zas, zas-zas!
con la marcha puesta.

Izquierda-derecha-izquierda,
¡ya llego a la cima!

Y ahora, calle abajo,
pedaleo sin trabajo.

¡Ya llego a la esquina!

Canción a dos voces

F. Isabel Campoy

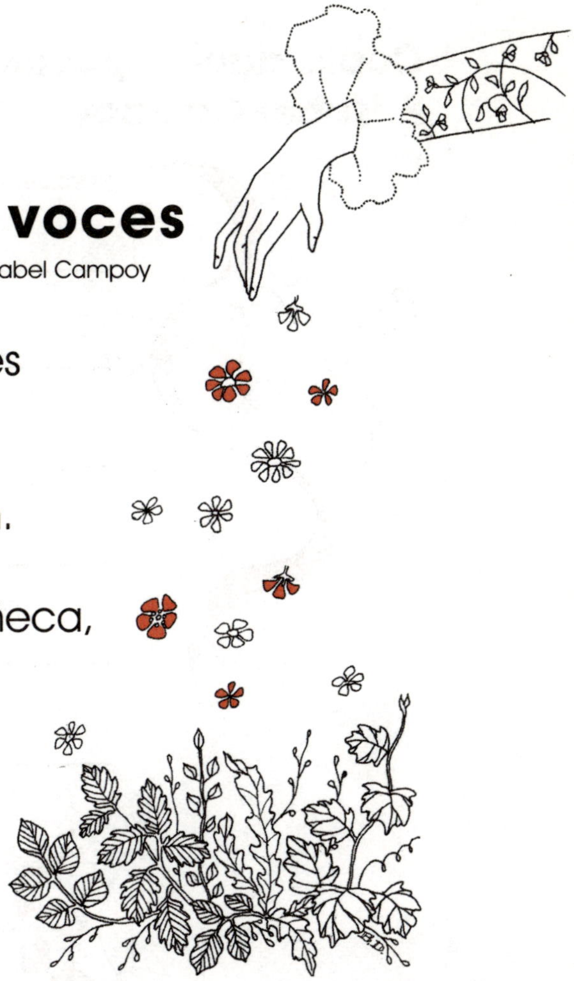

Canción a dos voces
de agua y jazmín,
para la niña mía
que está en el jardín.

–¿Qué esperas, muñeca,
solita tú aquí?

–A la primavera.
Dicen que trae
al sol de sombrero,
y de vestido,
al mes de abril.

Hazle un dibujo a este poema.

Copia aquí el poema que más te haya gustado de F. Isabel Campoy.

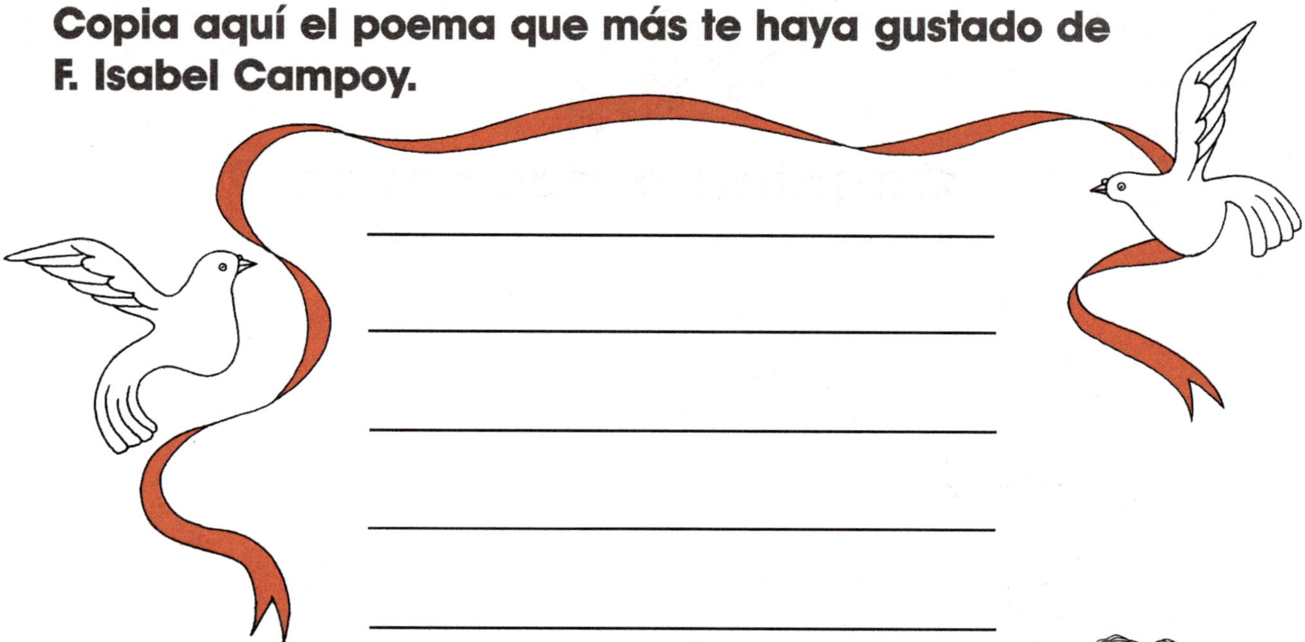

Ahora tú.

¿Como va vestida tu primavera?

Yo soy poeta

Mi nombre es ______________________________

Mi apellido es ______________________________

Tengo ________ años.

Mira mi retrato.

Hoy es ________ de ____________________ de ________.

Para leer más poesía

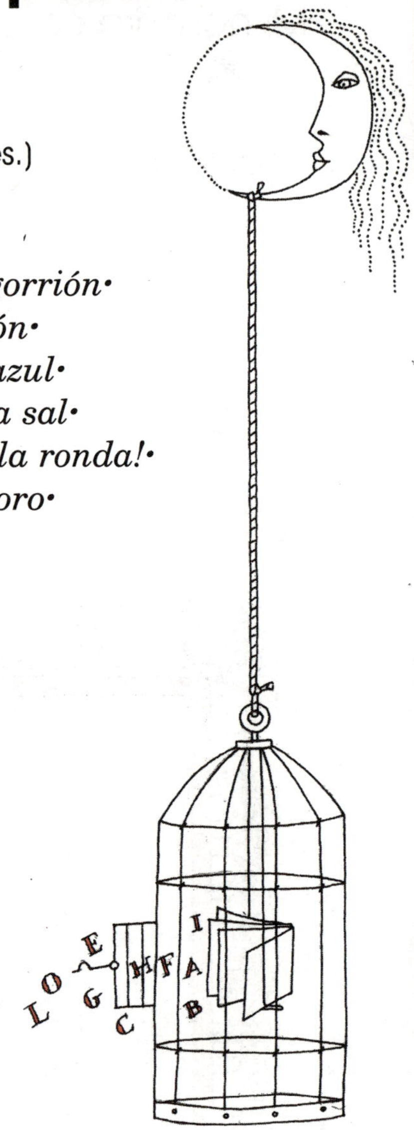

Antologías

(Libros en que se reúnen poemas de varios autores.)

Alma Flor Ada, *·Días y días de poesía·*
Alma Flor Ada y F. Isabel Campoy, *·Gorrión, gorrión·*
Alma Flor Ada y F. Isabel Campoy, *·Verde limón·*
Alma Flor Ada y F. Isabel Campoy, *·La rama azul·*
Alma Flor Ada y F. Isabel Campoy, *·Dulce es la sal·*
Alma Flor Ada y F. Isabel Campoy, *·¡Qué rica la ronda!·*
Alma Flor Ada y F. Isabel Campoy, *·Corre al coro·*

Poemarios

(Libros de poesía de un solo autor.)

Alma Flor Ada, *·Abecedario de los animales·*
Francisco Alarcón, *·Jitomates risueños·*
David Chericián, *·Trabalenguas·*
Pat Mora, *·El desierto es mi madre·*
María Elena Walsh, *·Zoo loco·*
María Elena Walsh, *·El Mundo del Revés·*